© Grete Books, 2023
Impresión y editorial: BoD – Books on Demand

info@bod.com.es – www.bod.com.es

Impreso en Alemania – Printed in Germany
ISBN: 9788411741774

TÚ Y YO

LISTAS PARA HACER JUNTOS Y CELEBRAR NUESTRO AMOR

ESTE LIBRO PERTENECE A:

_____

&

_____

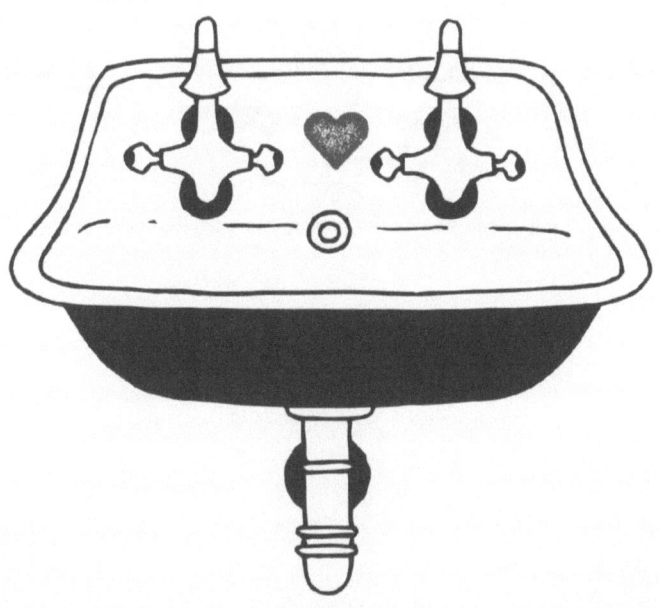

HAZ UNA LISTA DE LOS MEJORES
VIAJES QUE HEMOS HECHO

_____

_____

_____

_____

_____

_____

✳ ✷ ✳

_____

_____

_____

_____

_____

_____

HAZ UNA LISTA DE MIS MEJORES CUALIDADES COMO PAREJA

_____

_____

_____

_____

_____

_____

_____

✴ ✴ ✴

_____

_____

_____

_____

_____

_____

_____

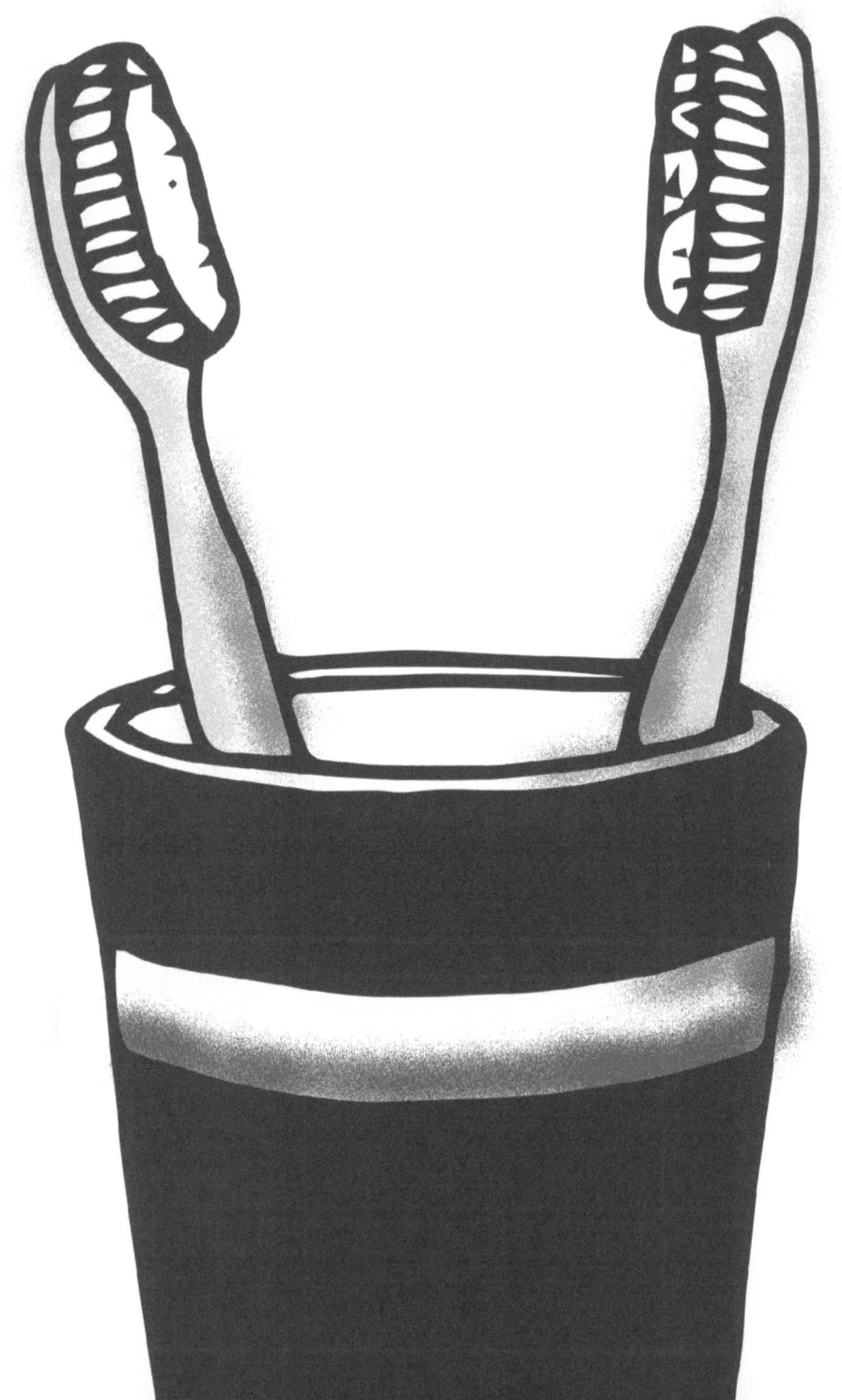

HAZ UNA LISTA DE MOMENTOS EN LOS QUE TE HAS SENTIDO MUY CERCA DE MÍ

* ✸ *

HAZ UNA LISTA DE CANCIONES QUE TE RECUERDAN A MÍ O A NOSOTR@S

＊ ✻ ＊

HAZ UNA LISTA DE LAS MEJORES CENAS QUE HEMOS DISFRUTADO JUNT@S

---

* ✦ *

HAZ UNA LISTA DE LOS MEJORES BESOS QUE NOS HEMOS DADO

---

* ✴ ✳

HAZ UNA LISTA DE LAS COSAS QUE MÁS TE SORPRENDEN DE MÍ

_____

_____

_____

_____

_____

_____

✳ ✴ ✳

_____

_____

_____

_____

_____

_____

HAZ UNA LISTA DE LAS COSAS QUE MÁS TE DIVIERTEN DE MÍ

---

* * *

HAZ UNA LISTA DE TUS PARTES FAVORITAS DE MI CUERPO

_____

_____

_____

_____

_____

_____

_____

* ✸ *

_____

_____

_____

_____

_____

_____

_____

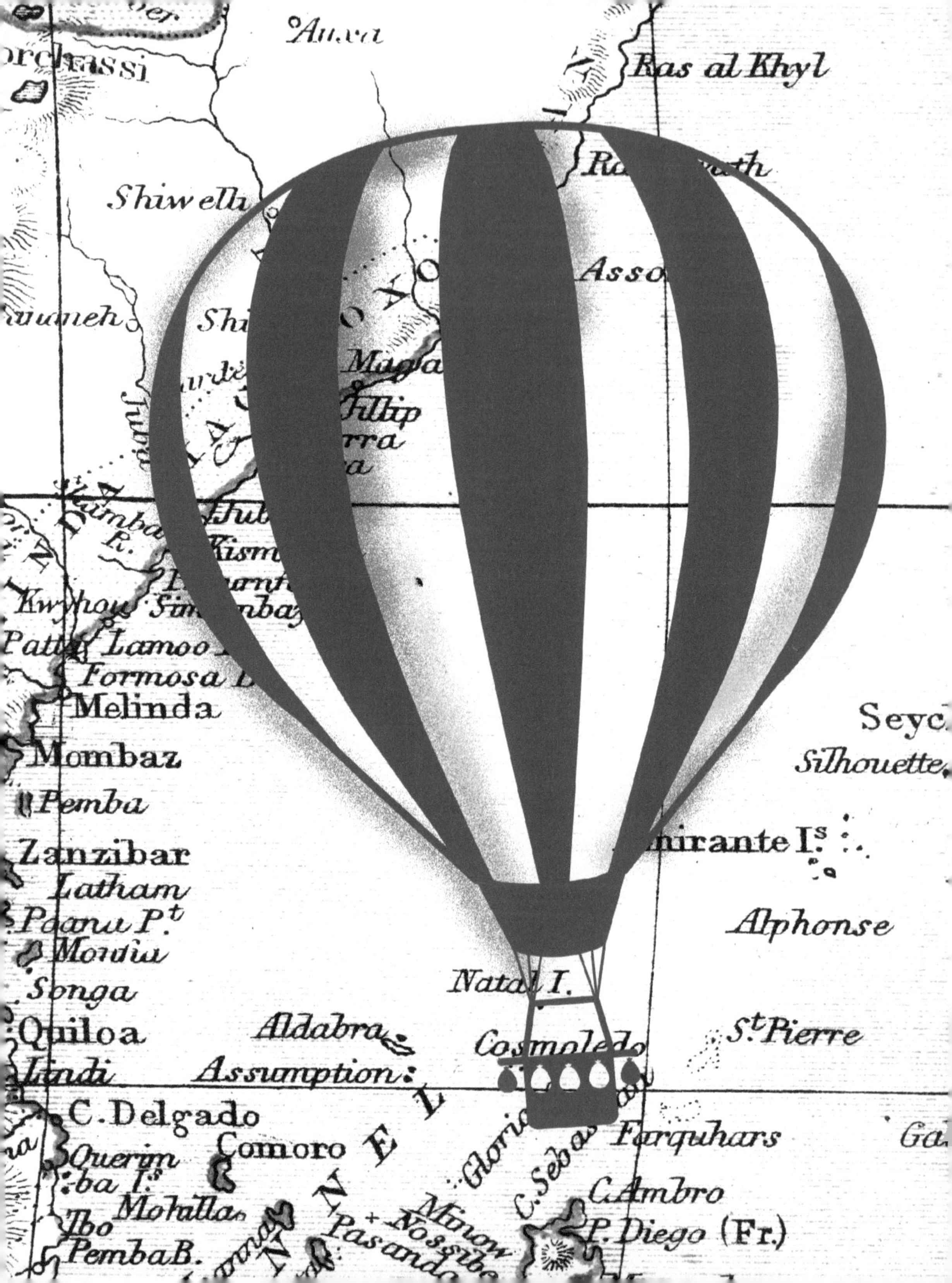

Auxa
Ras al Khyl
Shiwelli
Melinda
Mombaz
Pemba
Zanzibar
Latham
Songa
Quiloa
Seyc
Silhouette
Amirante Is.
Alphonse
Natal I.
Aldabra
Cosmoledo
St. Pierre
Assumption
C. Delgado
Comoro
Farquhars
C. Ambro
P. Diego (Fr.)
Mohilla
Ibo
Pemba B.

HAZ UNA LISTA DE LOS LUGARES A LOS QUE TE GUSTARÍA QUE FUÉSEMOS

---

* ✳ ✴

HAZ UNA LISTA DE NUESTRAS SERIES
FAVORITAS

* ✴ *

HAZ UNA LISTA DE LAS COSAS EN LAS QUE SOMOS MÁS DIFERENTES

* ⁕ *

HAZ UNA LISTA DE LAS COSAS EN LAS QUE SOMOS MÁS PARECID@S

---

* * *

HAZ UNA LISTA DE LAS VECES QUE MÁS NOS HEMOS REÍDO JUNT@S

---

* 🌟 *

HAZ UNA LISTA DE LAS COSAS MÁS RARAS QUE HEMOS HECHO JUNT@S

_____

_____

_____

_____

_____

_____

* * *

_____

_____

_____

_____

_____

_____

HAZ UNA LISTA DE TUS RESTAURANTES ROMÁNTICOS FAVORITOS

* * *

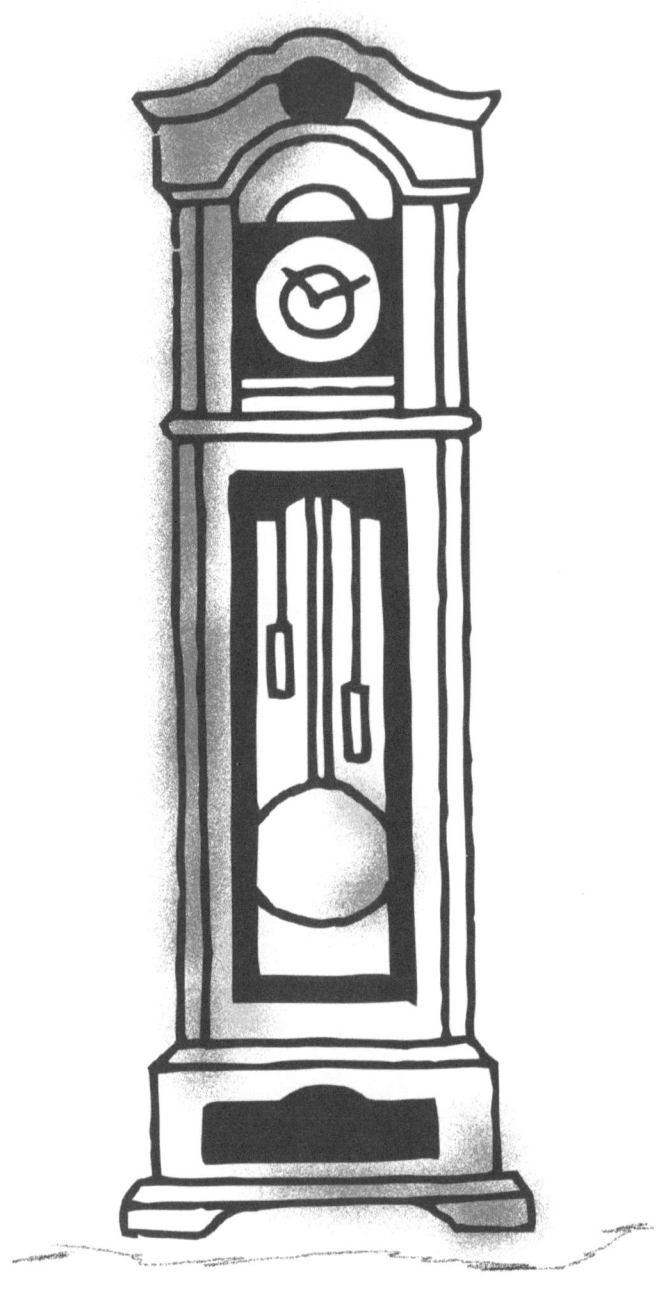

HAZ UNA LISTA DE MOMENTOS JUNT@S
QUE TE GUSTARÍA REPETIR

* * *

HAZ UNA LISTA DE NUESTRAS MEJORES
NOCHES DE MARCHA

_____

_____

_____

_____

_____

_____

* ✸ *

_____

_____

_____

_____

_____

_____

HAZ UNA LISTA DE PELÍCULAS QUE TE GUSTARÍA QUE PROTAGONIZÁRAMOS

* 🌟 *

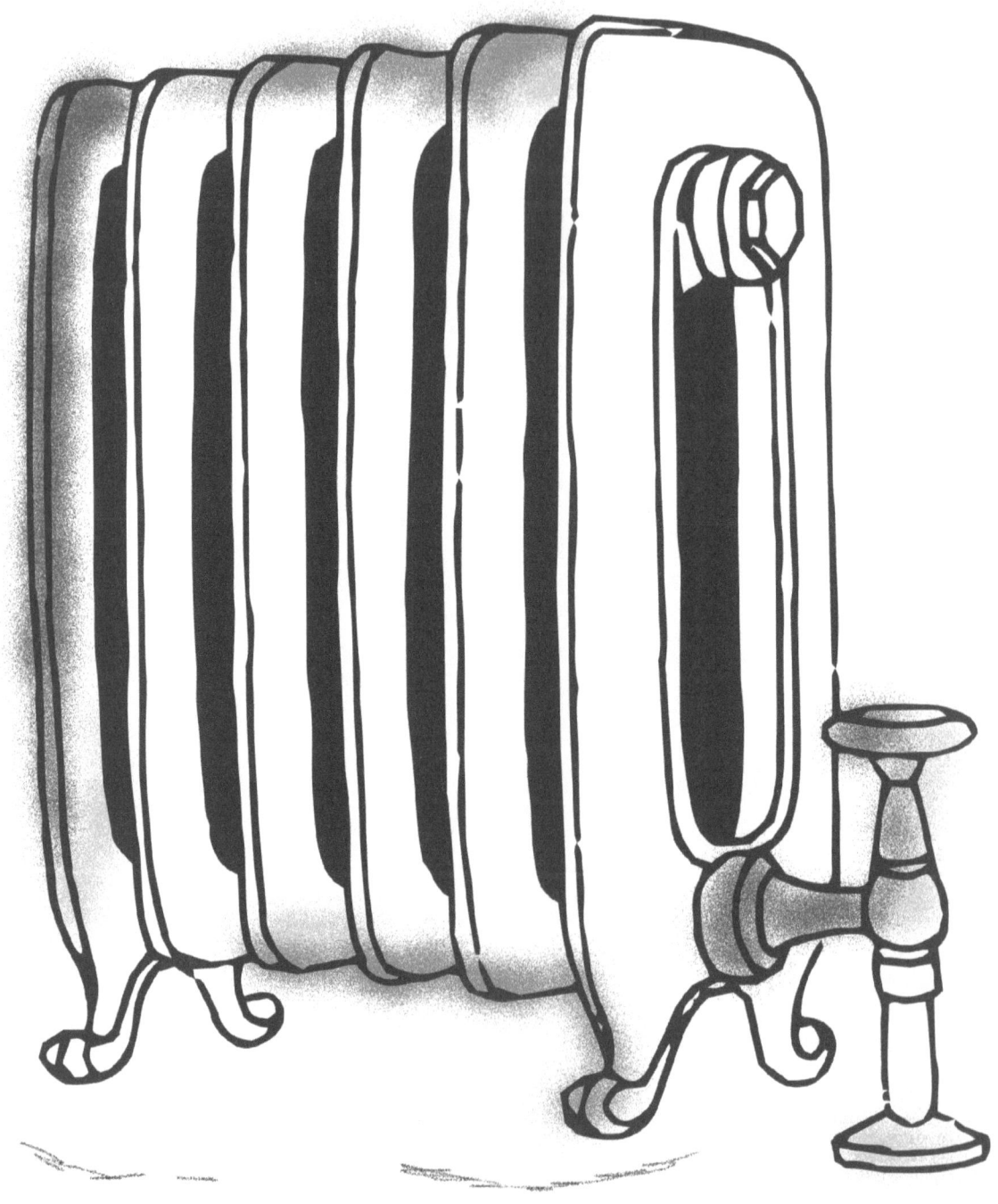

HAZ UNA LISTA DE LO QUE MÁS TE EXCITA HACER JUNT@S

_____

_____

_____

_____

_____

_____

＊ ✷ ＊

_____

_____

_____

_____

_____

_____

HAZ UNA LISTA DE LOS REGALOS QUE TE HE HECHO QUE MÁS TE HAN GUSTADO

* * *

HAZ UNA LISTA DE COSAS QUE HAS APRENDIDO ESTANDO JUNT@S

✳ ✳ ✳

HAZ UNA LISTA DE LOS MEJORES ENCUENTROS SEXUALES QUE HEMOS TENIDO

* 🌟 *

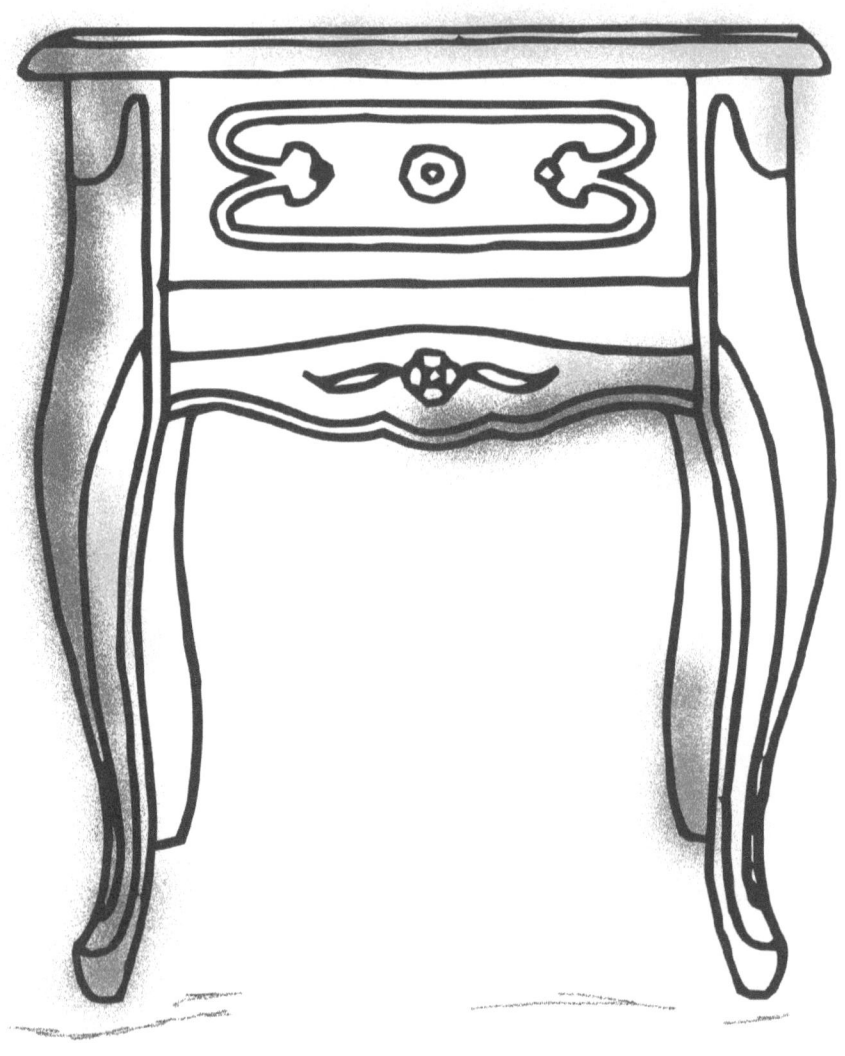

HAZ UNA LISTA DE SITIOS DONDE TE GUSTARÍA QUE PRACTICÁRAMOS SEXO

_____

_____

_____

_____

_____

_____

✳ ✴ ✳

_____

_____

_____

_____

_____

_____

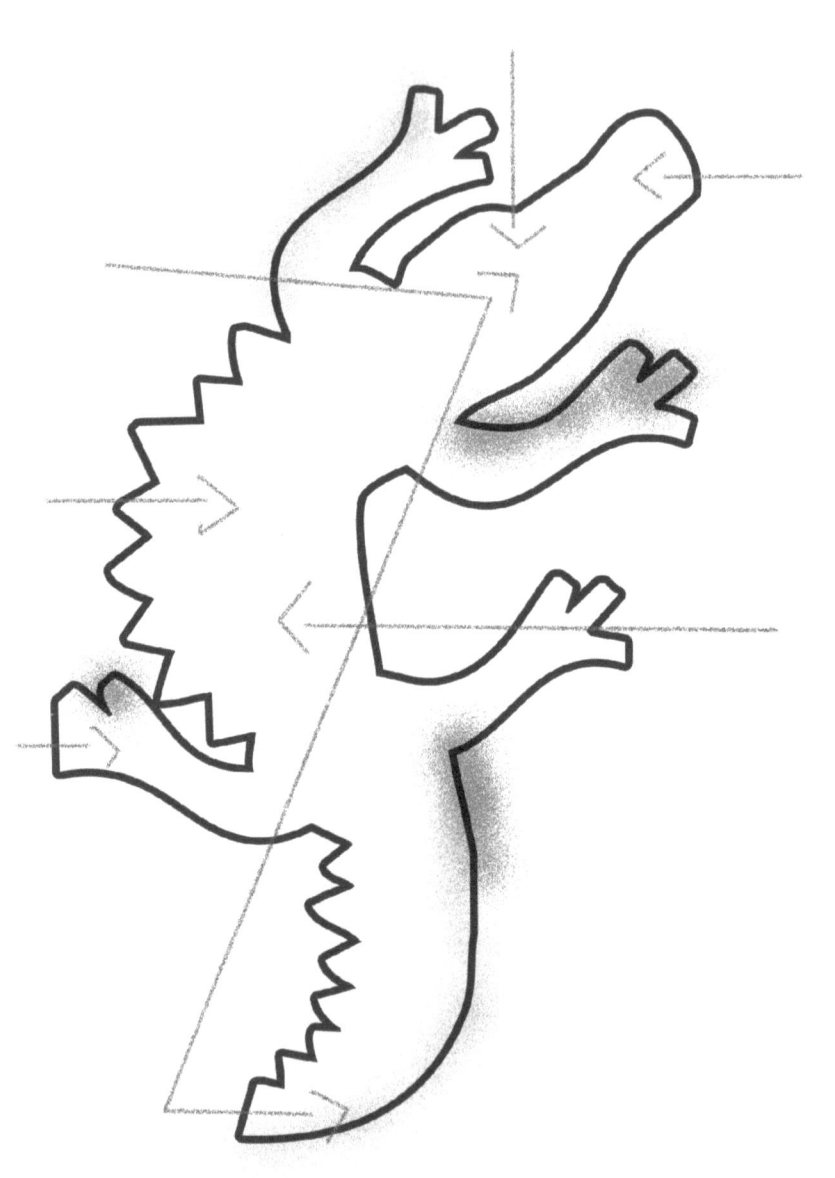

HAZ UNA LISTA DE SITIOS DONDE TE GUSTARÍA QUE TE BESARA

* ✳ *

HAZ UNA LISTA DE LO QUE MÁS TE GUSTA DE ESTAR JUNT@S

_____

_____

_____

_____

_____

_____

* 🌟 *

_____

_____

_____

_____

_____

_____

HAZ UNA LISTA DE LAS PRENDAS DE ROPA
QUE CREES QUE MEJOR ME QUEDAN

---

* * *

HAZ UNA LISTA DE MOTES QUE ME PONDRÍAS

* 🟊 *

HAZ UNA LISTA DE PAREJAS REALES O FICTICIAS CON LAS QUE TE GUSTARÍA QUE QUEDÁSEMOS

* * *

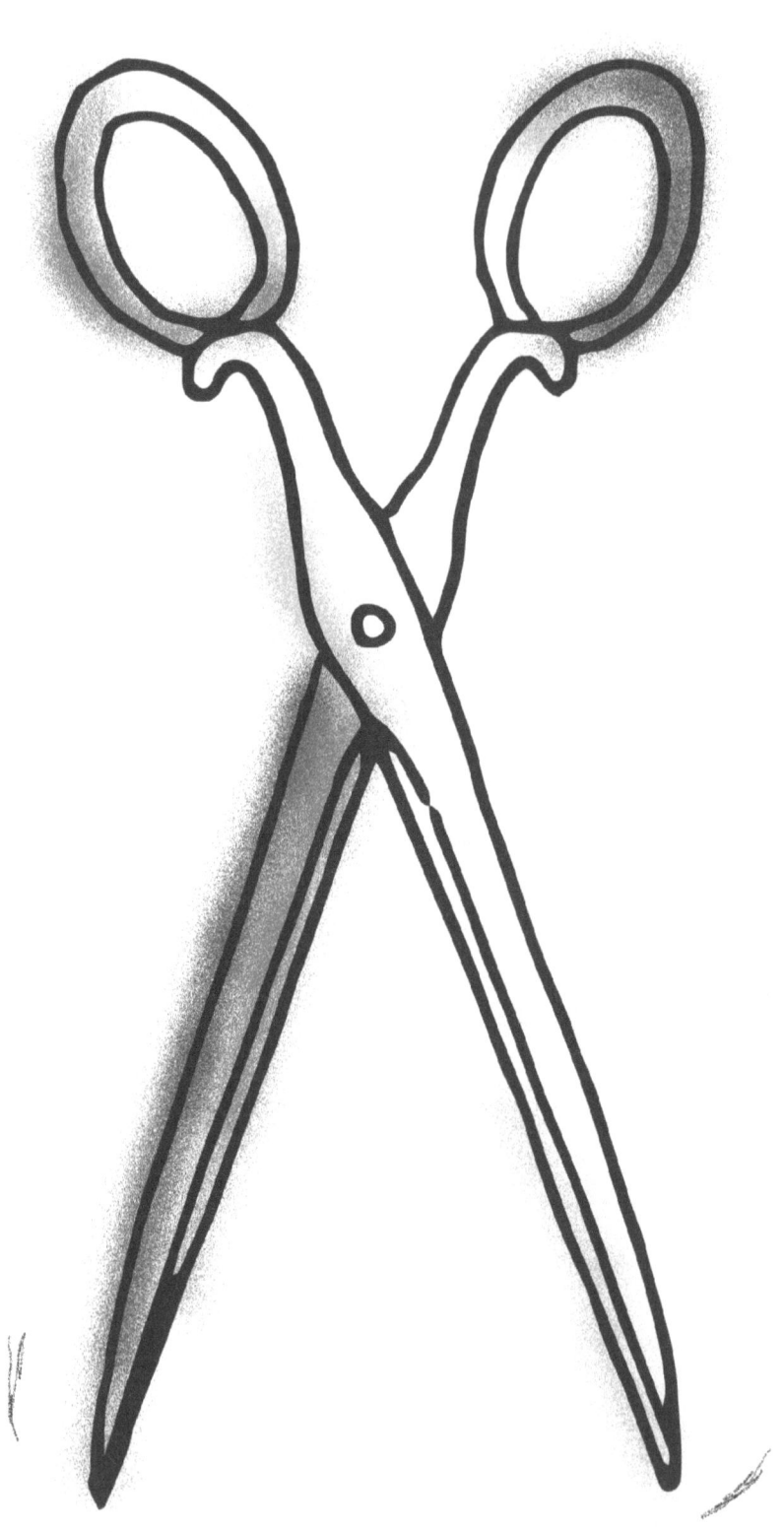

HAZ UNA LISTA DE PAREJAS REALES O FICTICIAS CON LAS QUE ODIARÍAS QUEDAR

---

* ❋ ✳

HAZ UNA LISTA DE TUS POSICIONES SEXUALES FAVORITAS

---

* 🟊 *

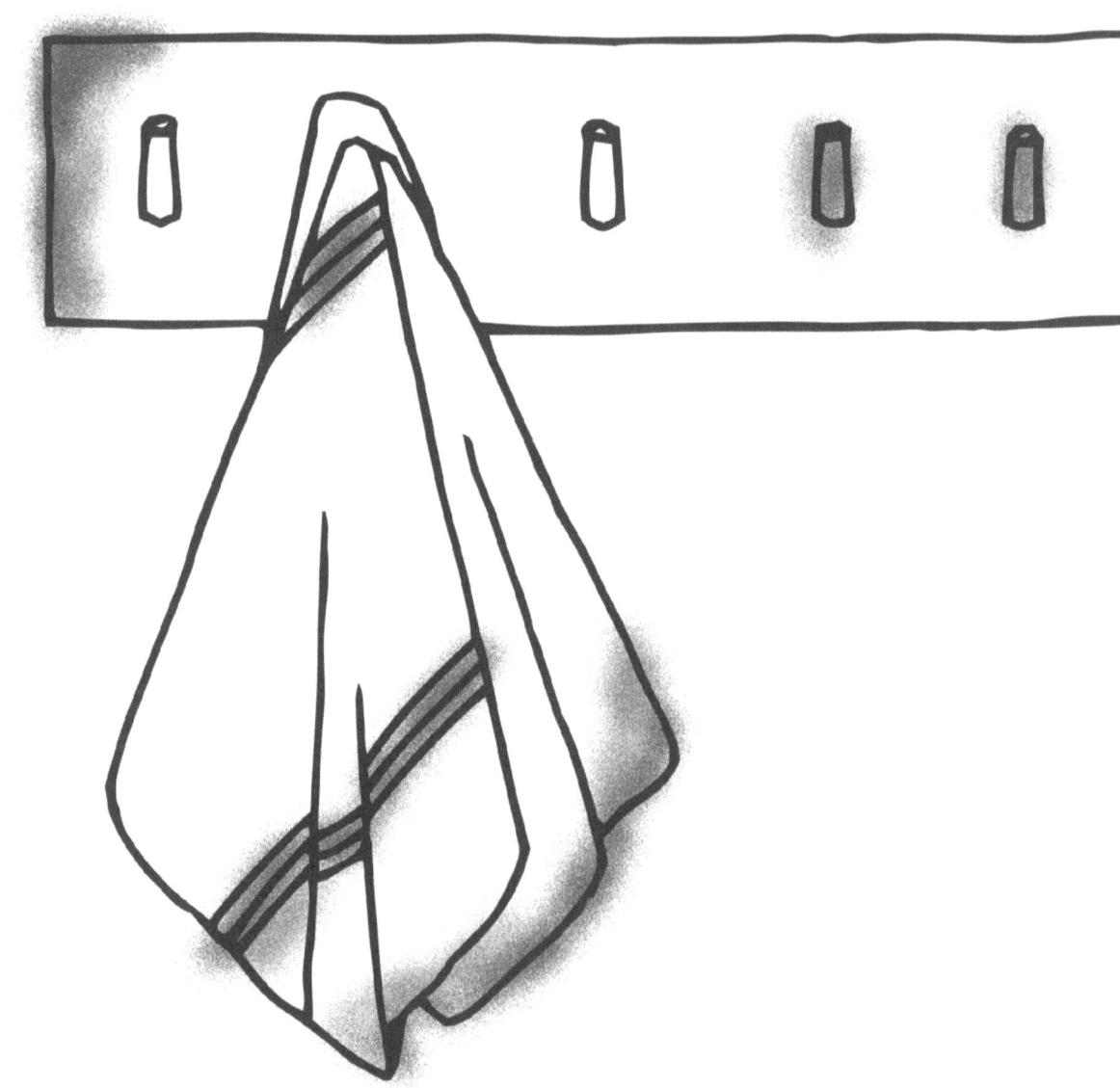

HAZ UNA LISTA DE LAS VECES QUE MÁS ME HAS ECHADO DE MENOS

* * *

HAZ UNA LISTA DE MIS MANÍAS

* * *

HAZ UNA LISTA DE HOBBIES QUE TE GUSTARÍA COMPARTIR CONMIGO

✳ ✳ ✳

HAZ UNA LISTA DE LAS VECES QUE ME HAS VISTO MÁS GUAP@

* ✳ *

HAZ UNA LISTA DE LAS VECES QUE TE HAS SENTIDO MÁS ORGULLOS@ DE MÍ

* ✳ *

HAZ UNA LISTA DE DISFRACES QUE TE GUSTARÍA QUE ME PUSIERA

* * *

HAZ UNA LISTA DE CANCIONES QUE ME GRABARÍAS SI TUVIÉRAMOS QUE SEPARARNOS POR UN TIEMPO

_____

_____

_____

_____

_____

_____

✴ ✴ ✴

_____

_____

_____

_____

_____

_____

HAZ UNA LISTA DE CANCIONES QUE ME GRABARÍAS SI QUISIERAS QUE HUBIERA SEXO ESTA NOCHE

✳ ✳ ✳

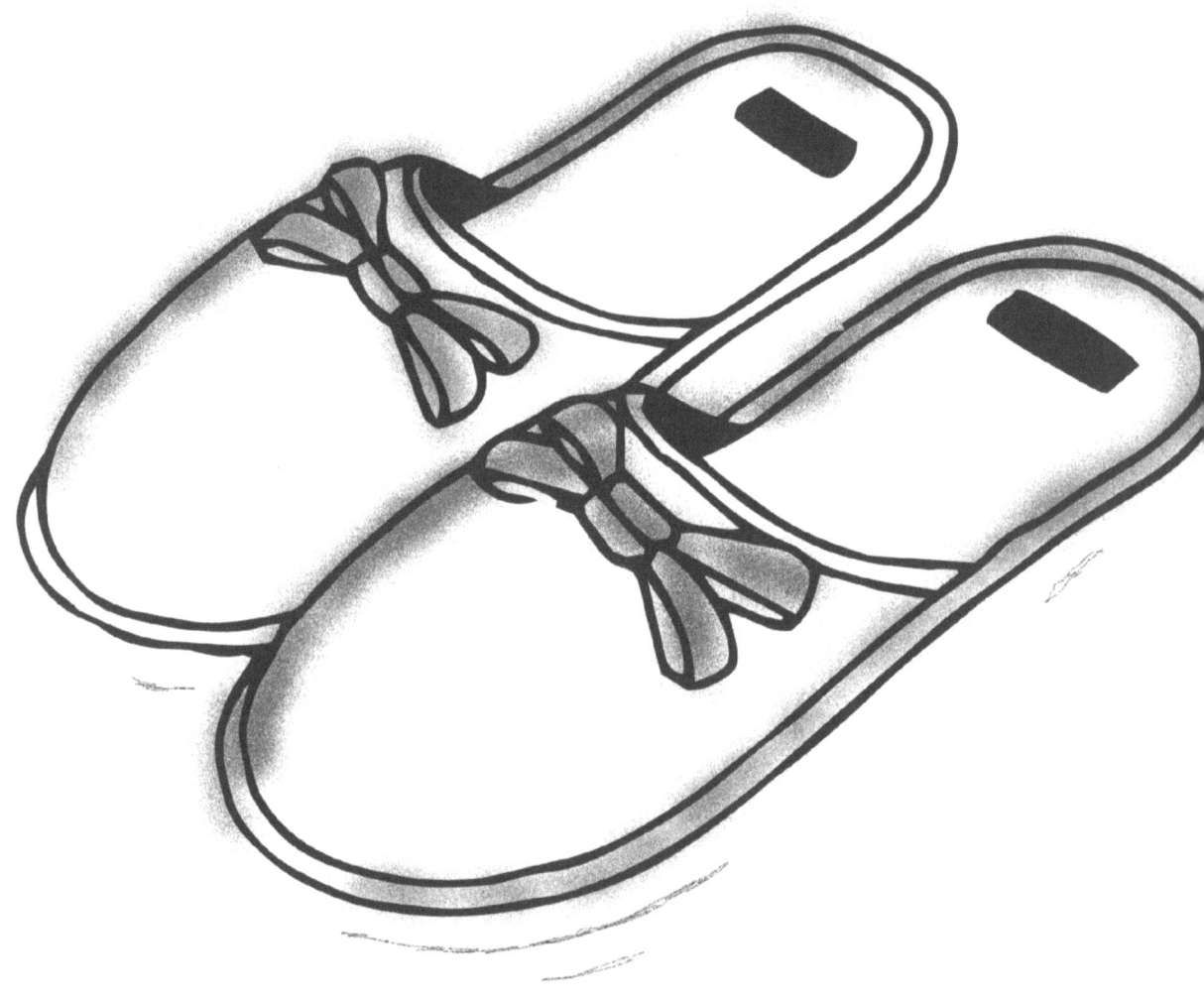

HAZ UNA LISTA DE COSAS QUE LLEVARÍAS SI NOS FUÉSEMOS A UNA ISLA DESIERTA

✳ ✳ ✳

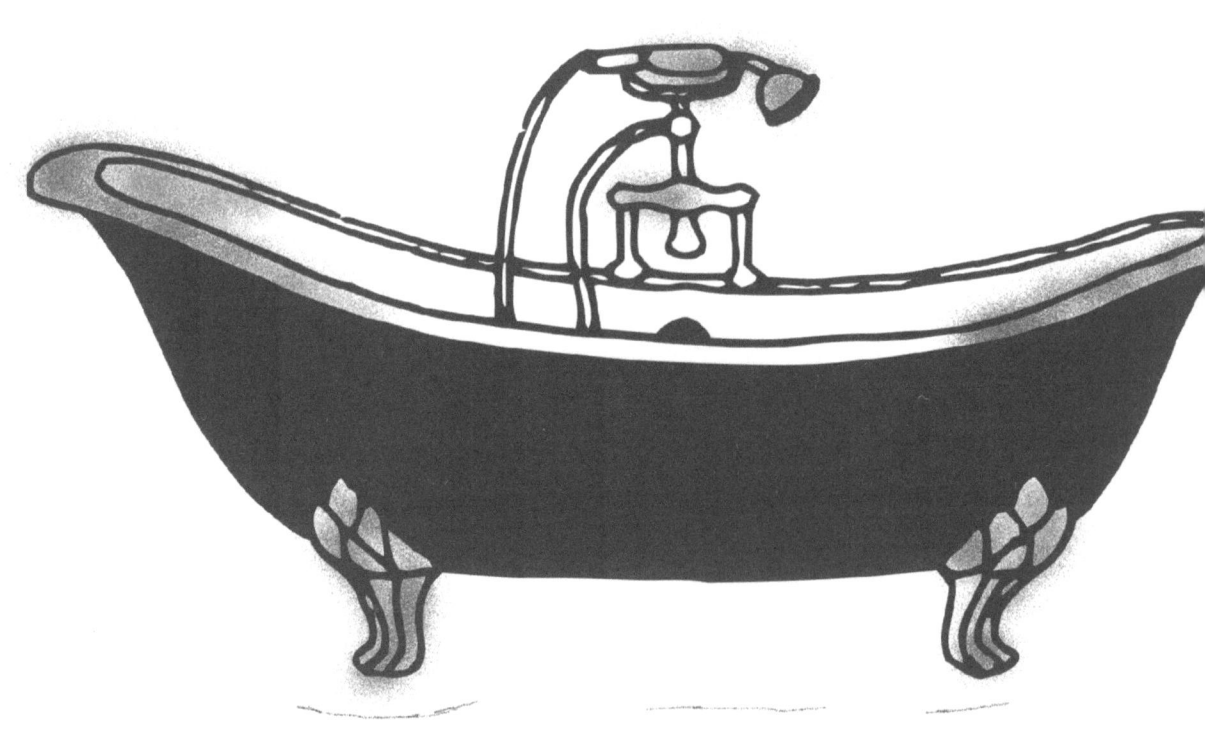

HAZ UNA LISTA DE MOMENTOS JUNT@S DE LOS QUE TE GUSTARÍA TENER UNA FOTO

* 🌟 *

HAZ UNA LISTA DE COSAS EN LAS QUE NO TE GUSTARÍA COMPETIR CONMIGO (PORQUE SABES QUE PERDERÍAS)

* * *

HAZ UNA LISTA DE LOS MEJORES CONCIERTOS A LOS QUE HEMOS IDO JUNT@S

✳ ✳ ✳

HAZ UNA LISTA DE COSAS QUE HARÍAMOS SI NOS TOCASE LA LOTERÍA

* ✸ *

HAZ UNA LISTA DE COSAS QUE HARÍAS PARA UNA CITA JUNT@S PERFECTA

***

HAZ UNA LISTA DE LOS MEJORES PIROPOS QUE TE HE ECHADO

HAZ UNA LISTA DE LAS MEJORES CONVERSACIONES QUE HEMOS TENIDO

* * *

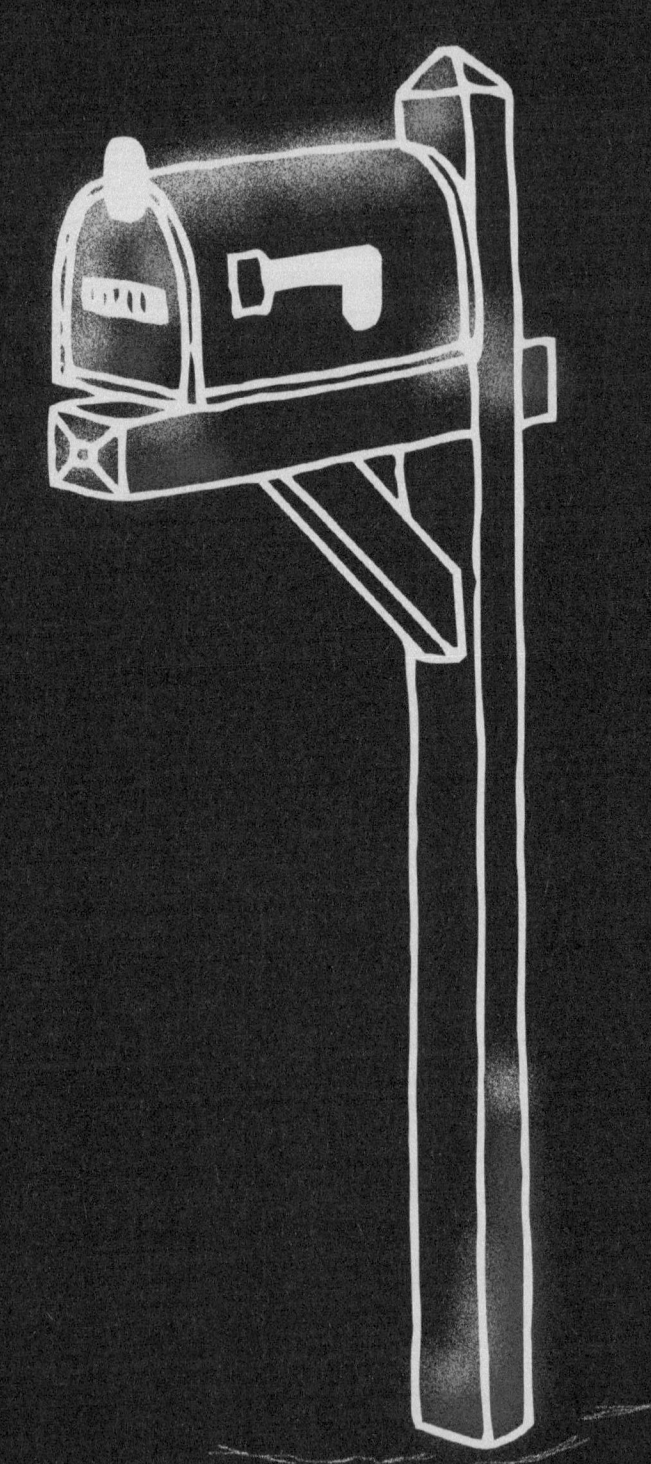

HAZ UNA LISTA DE FRASES MÍAS QUE TE GUSTA ESCUCHAR

* ☀ *

HAZ UNA LISTA DE LOS GESTOS ROMÁNTICOS QUE HE TENIDO QUE MÁS TE HAN GUSTADO

* * *

HAZ UNA LISTA DE REGALOS POR LOS QUE PERDONARÍAS UNA BUENA METEDURA DE PATA

* * *

HAZ UNA LISTA DE LA COMPRA PERFECTA PARA NOSOTR@S

---

* 🟅 *

HAZ UNA LISTA DE MOMENTOS DE TU VIDA ANTES DE CONOCERME EN LOS QUE TE HUBIESE GUSTADO QUE ESTUVIERA

* ✸ *

HAZ UNA LISTA DE COSAS QUE TE GUSTARÍA QUE HUBIÉSEMOS HECHO JUNT@S DE AQUÍ A 5 AÑOS

* ✳ *